바다 위에 떠 있는
거대한 쓰레기 섬

태평양의 거대 쓰레기 섬

북대서양의 쓰레기 섬

남태평양의 쓰레기 섬

남대서양의
쓰레기 섬

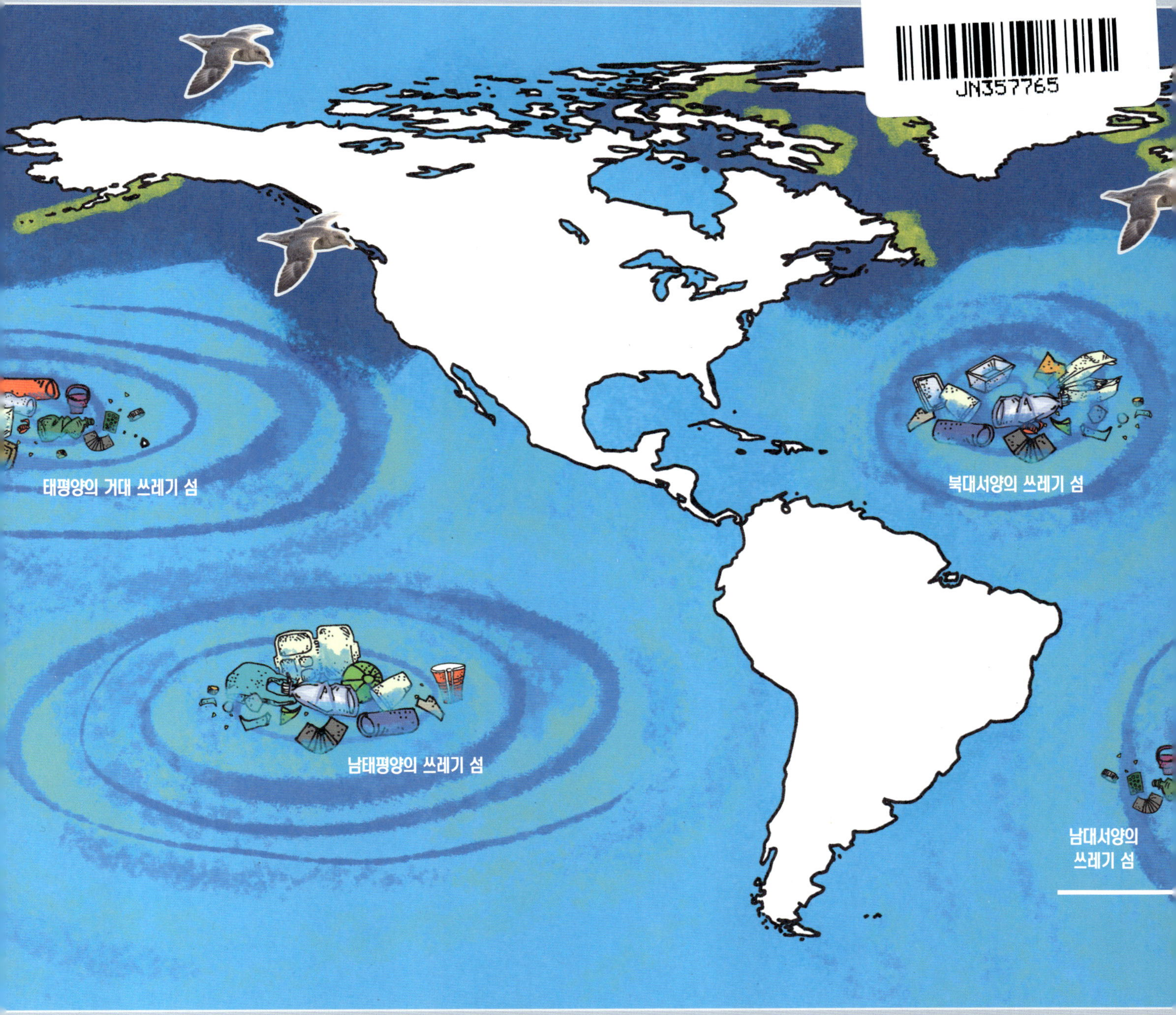

시르스티 블롬, 예이르 빙 가브리엘센 지음, 한소영 옮김

생각하는책상

차 례

북방풀머갈매기 ……………………………………… 5

알고 있나요?
플라스틱의 10퍼센트가 바다로 떠내려간다는 것을 ………… 10

누가 오염시키고 있을까요? ……………………………… 16

수많은 동물들이 고통받고 있어요 ……………………… 22

알고 있나요?
2050년에는 11억 2500만 톤의
플라스틱이 만들어질 거예요 …………………………… 24

알고 있나요?
플라스틱에는 살충제 성분이 들어 있어요 ………………… 30

알고 있나요?
플라스틱은 석유로 만들어요 …………………………… 32

우리는 어떻게 해야 할까요? …………………………… 36

보안 슬라트 ……………………………………………… 44

우리나라의 플라스틱 환경은 어떨까요? ………………… 56

우리나라 바다 쓰레기의 종류는 어떻게 될까요? ………… 56

재사용과 재활용은 무엇일까요? ………………………… 57

북방풀머갈매기

북방풀머갈매기 한 마리가 수면 바로 위를 우아하게 미끄러지듯 날면서 떠 있어요. 북방풀머갈매기는 난바다에서 비행하기에 알맞게 설계된 글라이더 같아요. 마치 글라이더처럼 파도 사이를 요리조리 재빠르게 움직이면서 바다 위를 쭉 훑으며 먹이를 찾습니다. 이따금 빠르게 퍼덕이는 날갯짓 외에는 필요 이상의 에너지를 쓰지 않고 있어요.

북방풀머갈매기가 어두운 바다 수면 사이로 반짝이는 노란빛의 무엇인가를 발견했어요. 새우 같은 갑각류일까요? 아니면 작은 해파리일까요? 북방풀머갈매기는 단단한 부리로 이 먹이를 낚아채어서는 바로 꿀꺽 삼킵니다. 그러면서 눈은 벌써 허기진 배를 채워 줄 물고기 알이나 작은 생물들이 없는지 살핍니다. 북방풀머갈매기는 이렇게 잠수를 하지 않고 수면 위에서 먹이를 찾아요.

북방풀머갈매기는 후각이 잘 발달된 새입니다. 그래서 멀찌감치 떨어진 고깃배에서 나는 내장 비린내를 맡는 순간, 곧장 그쪽으로 날아갑니다. 고깃배 조리실에서 나온 음식물 쓰레기가 바다에 버려지고 있네요. 북방풀머갈매기가 이 뷔페를 혼자서만 즐길 수 있는 시간은 잠깐이랍니다. 곧이어 다른 바닷새들이 몰려와 고깃배 뒤를 쫓아가면서 생선 내장의 만찬을 즐깁니다.

북방풀머갈매기는 무엇이든 잘 먹어요. 입맛이 까다롭지 않은 이 새는 물에 둥둥 떠 있는 작은 것들이라면 가리지 않고 먹어 버려요. 북방풀머갈매기는 오늘 초록과 노란 빛깔의 알록달록한 무엇인가를 꿀꺽 삼켰지만, 그것이 먹이가 아니라 플라스틱 쓰레기 조각이었다는 사실을 알지 못합니다.

북방풀머갈매기는 다른 바닷새들보다 느린 속도로 살아가는 특별한 새입니다. 바다 위를 날 때에는 참으로 아름답고 날렵하지만, 땅 위에서는 서투른 걸음걸이로 뒤뚱거리며 거의 걷지를 못해요. 북방풀머갈매기는 벼랑 끝에 둥지를 지을 때가 많은데, 그것은 공중으로 곧장 날아오르기 위해서랍니다.

다른 바닷새들이 보통 네 살이나 다섯 살에 알을 낳기 시작하는 데 비해, 북방풀머갈매기는 열 살 무렵에 처음 알을 낳아요. 그리고 알을 품는 시간도 다른 갈매기보다 두 배는 더 길고, 수명도 적어도 두 배는 더 길어요. 운이 좋고 생존 기술이 뛰어난 북방풀머갈매기라면 60세가 넘게 삽니다.

북방풀머갈매기는 겨울 폭풍이 두 주씩 몰아치는 동안에는 벼랑 끝 바위 위에서 움직이지도 먹지도 않으면서 날씨가 풀리기만을 기다립니다. 먹이를 먹지 않는다고 굶어 죽지는 않습니다. 북방풀머갈매기는 몸속에 살아가는 데 필요한 오일을 지니고 있어요. 이 오일은 작은 물고기와 갑각류, 오징어로 만든 거예요.

부모 새는 이 오일을 되새김하여 새끼의 목구멍으로 넣어 줍니다. 영양이 풍부한 이 먹이를 먹고 자라는 새끼는 아빠 새나 엄마 새보다 더 큰 새로 성장합니다. 하지만 때때로 이 먹이에 작은 플라스틱 조각이 섞여 들어가면, 보드라운 솜털로 뒤덮인 이 연약한 새끼는 몸속에 쓰레기를 품은 채 삶을 시작할 수밖에 없습니다.

둥지에 혼자 남은 새끼 북방풀머갈매기는 독수리 같은 포식자로부터 자신을 지켜 내는 법을 알고 있습니다. 새끼는 고약한 냄새가 나는 이 오일을 뱉어서 적들이 가까이 다가오지 못하게 합니다. 위에서 뿜어낸 이 오일에 깃털의 윤기가 지워지면 방수 기능이 떨어져서 추위와 굶주림으로 죽어 갈 수밖에 없답니다.

북방풀머갈매기가 바람을 타며 춤추듯 날고 있어요. 60여 년 전, 이 수컷 북방풀머갈매기는 노르웨이 스발바르 제도의 절벽 위에서 알을 깨고 태어났습니다. 드넓은 바다 위를 날며 수많은 여름과 겨울을 보냈어요. 자기 짝과 함께 하얀 알을 한 번에 하나씩 낳아, 벌써 스무 마리도 넘는 새끼를 같은 둥지에서 키웠습니다. 매년 겨울이 오면 수컷과 암컷은 각자의 길을 떠납니다. 암컷은 북극 주변의 유빙으로 날아가고, 수컷은 좀 더 남쪽에 위치한 그린란드와 아이슬란드 주변으로 날아갑니다. 그러고는 봄이 오면 다시 만납니다.

지난 여름, 이 북방풀머갈매기 부부는 새끼를 거의 먹일 수 없었어요. 암컷의 건강이 나빠졌기 때문이죠. 먹이를 찾아 멀리 날아갈 수가 없는 상태였어요. 알을 낳고 둥지에 앉아 새끼한테 먹이를 주는 일이 암컷한테 너무 힘겨워 보였어요. 혹시 무슨 병에 걸렸을까요? 아니면 늙어서 그런 걸까요? 매년 수컷한테로 돌아오곤 했던 암컷이 올 봄에는 돌아오지 않았어요. 수컷은 이제 혼자가 되고 말았어요. 수컷은 암컷이 더는 살아 있지 않다는 것을 아마도 알고 있을 거예요. 하지만 암컷 위에 플라스틱이 가득 차서 죽었다는 것은 알지 못할 거예요. 그건 암컷을 발견하여 검사한 과학자들이 알아낸 것이니까요.

알고 있나요?

전 세계에서 생산되는 플라스틱의 10퍼센트가 바다로 떠내려간다는 것을.

과학자들은 바다에 얼마나 많은 플라스틱이 떠다니는지를 가늠하는 지표로 북방풀머갈매기를 이용합니다. 바닷가로 떠밀려 온 죽은 북방풀머갈매기를 조사하여, 몸속에 플라스틱이 가득 찬 갈매기가 많으면 많을수록 바다에 플라스틱이 더 많이 떠다닌다고 보는 거죠. 죽은 북방풀머갈매기들은 우리 인간들이 바다에 너무 많은 플라스틱 쓰레기를 버린다고 경고하고 있습니다.

요즘에는 수컷 북방풀머갈매기가 태어났던 1950년대의 여름에 잡히던 것보다 훨씬 더 알록달록한 것들이 잡힙니다. 이 수컷 북방풀머갈매기가 알을 깨고 나오던 그 무렵부터 석유를 이용해 엄청난 양의 플라스틱을 만들기 시작했습니다. 레고 블록이 만들어지기 시작한 것도 그 무렵이고, 그로부터 10년 뒤에는 바비 인형도 생산되기 시작했어요.

죽은 북방풀머갈매기의 위에서 발견된 플라스틱 조각들

선박에서 버려졌거나 뭍에서 바다로 떠내려간 종이, 오렌지 껍질, 사과 속 등은 그나마 빨리 썩는 편입니다. 하지만 플라스틱이 분해되기까지는 훨씬 더 긴 시간이 걸리고, 완전히 사라지지도 않습니다.

플라스틱이 분해되려면 빛과 열이 필요합니다. 따라서 차갑고 컴컴한 바다 밑에서는 플라스틱 분해가 아주 느린 속도로 진행됩니다.

바다에서 플라스틱이 분해되는 기간

- 털양말 1~5년
- 우유갑 2개월
- 복합 마루판 1~3년
- 썩는 6개들이 묶음 비닐 6개월
- 종이 냅킨 2~4주
- 골판지 상자 2개월
- 신문지 6주
- 순면 티셔츠 2~5개월
- 사과 속 2개월
- 필터담배 꽁초 1~5년
- 스티로폼 컵 50년
- 썩지 않는 6개들이 묶음 비닐 400년
- 플라스틱 병 450년
- 통조림 깡통 50년
- 낚싯줄 600년
- 폴리스티렌 부표 50년
- 알루미늄 음료수 캔 200년
- 유리병 알려지지 않음
- 일회용 기저귀 450년
- 비닐봉지 10~20년

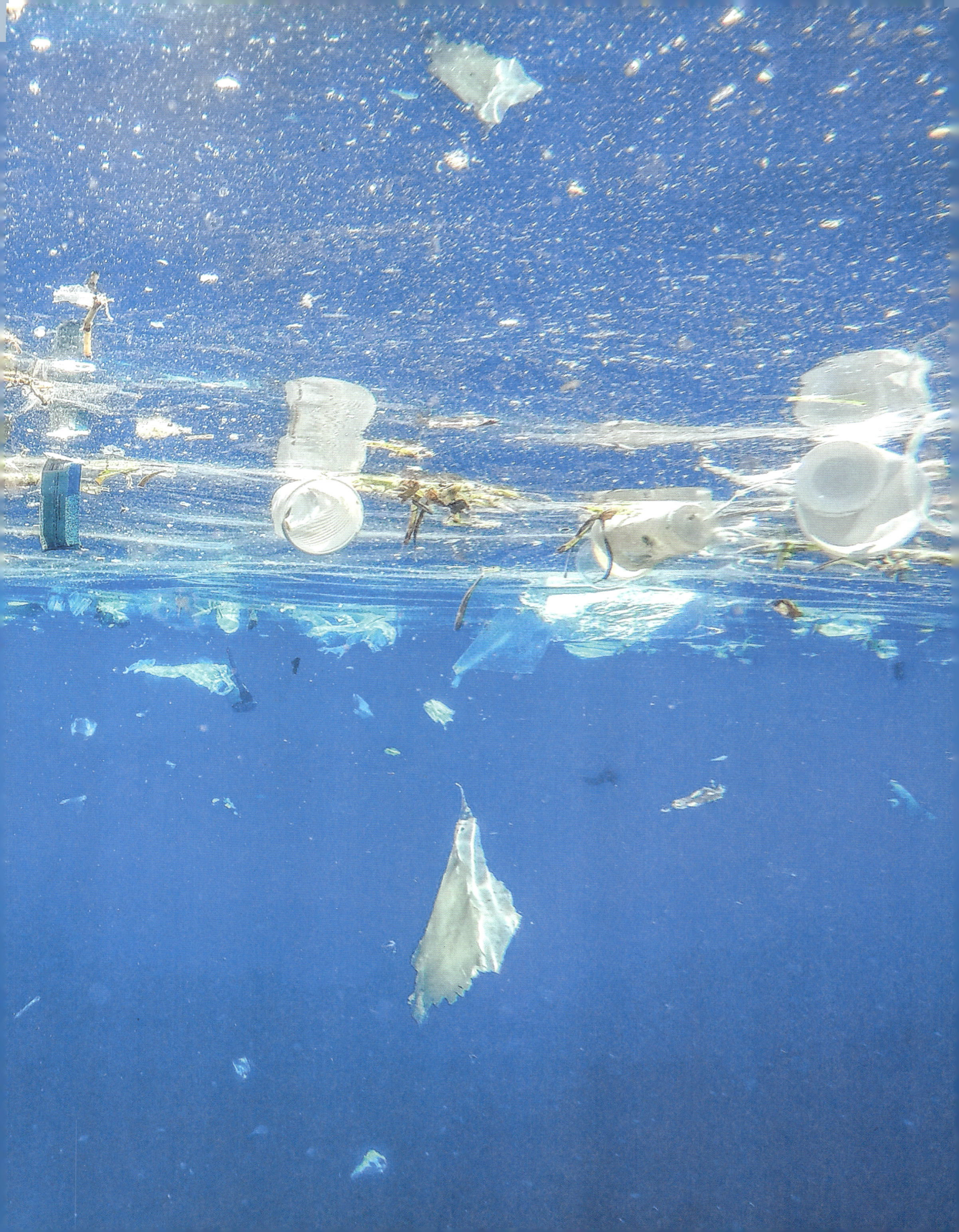

바다에 떠다니는 어망과 플라스틱 조각 중에서도 그 크기가 1미터 이상인 것들을 초대형 플라스틱이라고 합니다. 대형 플라스틱은 5밀리미터보다는 크고 1미터보다는 작은 플라스틱 조각을, 미세 플라스틱은 대형 플라스틱보다 작은 것들을, 나노 플라스틱은 현미경으로나 볼 수 있는 크기의 플라스틱을 가리킵니다.

사람들이 플라스틱을 발명한 지 기껏해야 몇십 년밖에 되지 않았기 때문에, 아직 대부분의 플라스틱은 아무리 작게 부서졌다고 해도 눈으로 볼 수 있을 정도의 크기입니다. 플라스틱은 절대로 완전히 사라지지 않습니다. 그저 점점 더 작게 나뉘고 또 나뉘어 나노 플라스틱 입자로 조각날 뿐입니다.

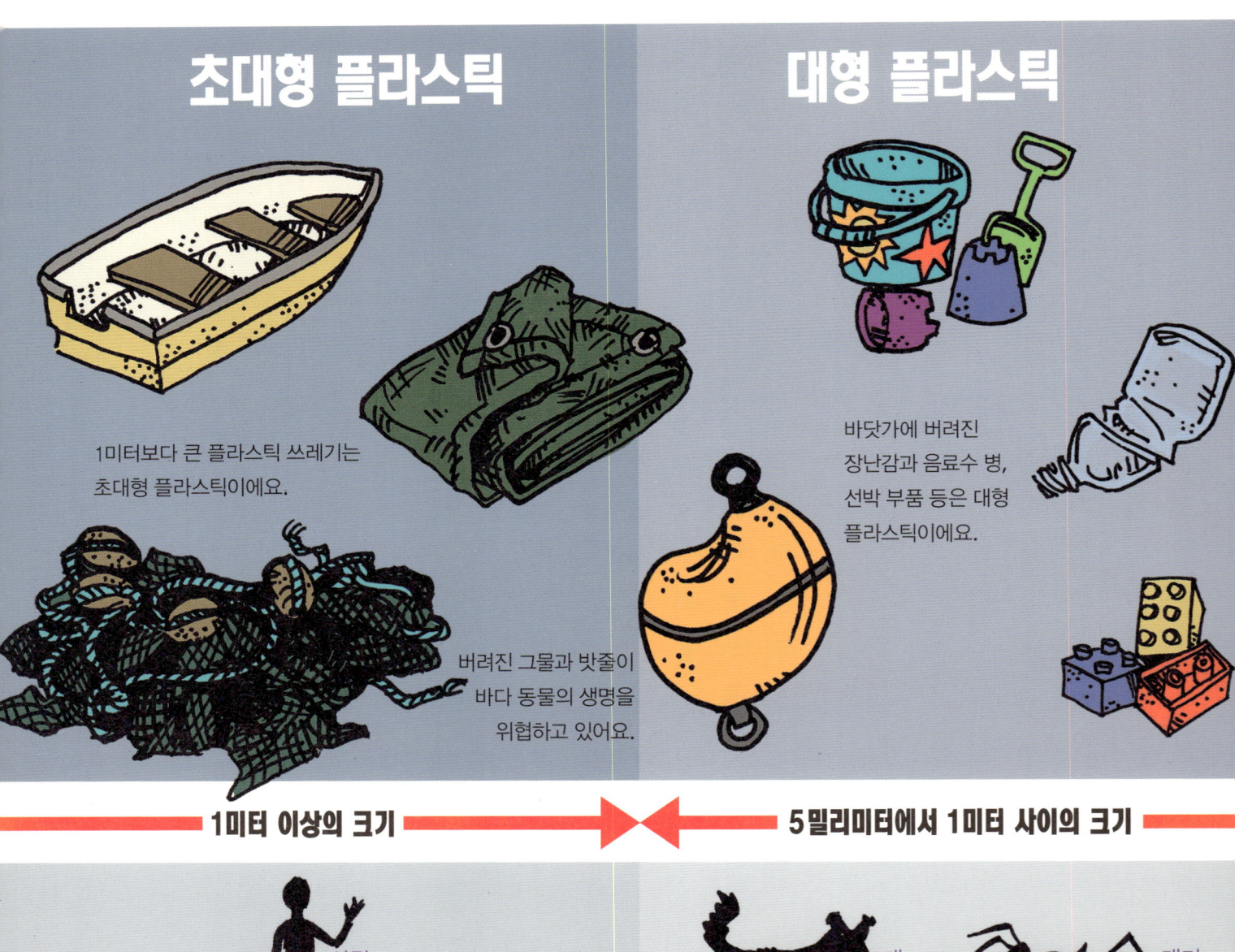

초대형 플라스틱

1미터보다 큰 플라스틱 쓰레기는 초대형 플라스틱이에요.

버려진 그물과 밧줄이 바다 동물의 생명을 위협하고 있어요.

◆━ 1미터 이상의 크기 ━▶

사람

대형 플라스틱

바닷가에 버려진 장난감과 음료수 병, 선박 부품 등은 대형 플라스틱이에요.

◀━ 5밀리미터에서 1미터 사이의 크기 ━

개   개미

미세 플라스틱

자동차 타이어가 육지 위를 달리며 만들어 낸 미세 플라스틱 2250톤이 매년 바다로 흘러들어요.

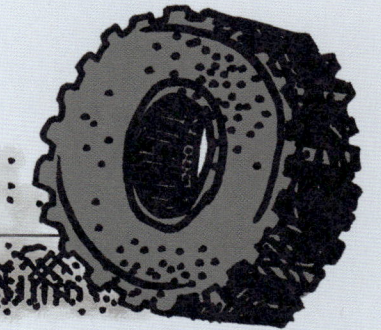

화장품에는 오래 전부터 미세 플라스틱이 들어갔어요.

페인트에 든 미세 플라스틱은 바다로 흘러 들어가요.

나노 플라스틱

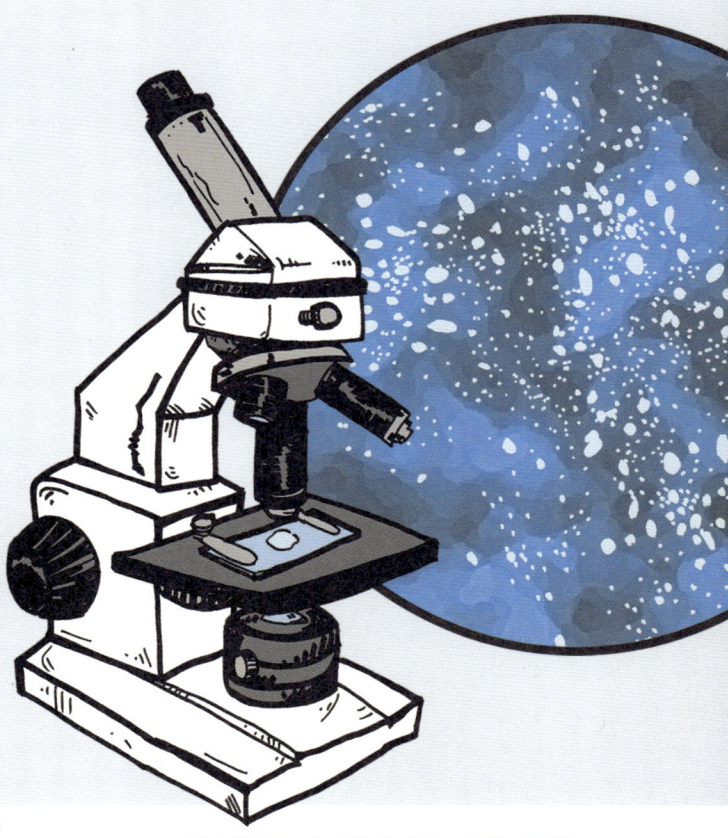

5밀리미터에서 1마이크로미터 사이의 크기 ⬅➡ **1마이크로미터*보다도 작은 크기**

 진드기    박테리아    바이러스    DNA

*1마이크로미터는 0.001밀리미터와 같은 크기

누가 오염시키고 있을까요?

부유한 나라에 사는 사람들은 개발 도상국에 사는 사람들보다 쓰레기를 더 많이 배출합니다. 그러나 개발 도상국은 쓰레기를 수거하고 처리하는 시스템이 뒤떨어져 있는 경우가 많아요. 또 다른 요인은 바로 인구입니다. 인구가 많은 나라는 인구가 적은 나라보다 쓰레기를 더 많이 버립니다.

쓰레기는 국경에 상관없이 해류를 따라 지구 전체로 퍼져 나갑니다. 세계 곳곳에서 어민들이 그물에 걸린 플라스틱을 보곤 합니다. 전 세계 바다에 플라스틱이 떠다니고 있습니다.

남부 유럽에서 버려지는 쓰레기는 북쪽으로 흘러가는 해류를 따라 노르웨이 연안까지 밀려갑니다. 미세 플라스틱은 최북단부터 최남단에 이르기까지 난바다와 해빙, 바닷가와 육지에서 가장 먼 해저에서도 발견됩니다. 남극에서는 5000미터 깊이의 해저 진흙에서도 플라스틱 조각이 발견되었습니다.

우리는 매년 점점 더 많은 양의 플라스틱을 생산합니다. 그리고 바다로 버려지는 양도 점점 늘어나고 있습니다. 전 세계의 바다가 플라스틱으로 채워지고 있어요. 바다에는 50억 개의 플라스틱이 있으며, 그 무게는 6만 마리의 코끼리 무게와 맞먹습니다. 과학자들은 약 1억 톤의 쓰레기가 바다 위를 떠다닌다고 보고 있어요. 쓰레기를 지금처럼 계속 버린다면, 30년 뒤에는 바다에 물고기보다 플라스틱이 더 많을 거예요.

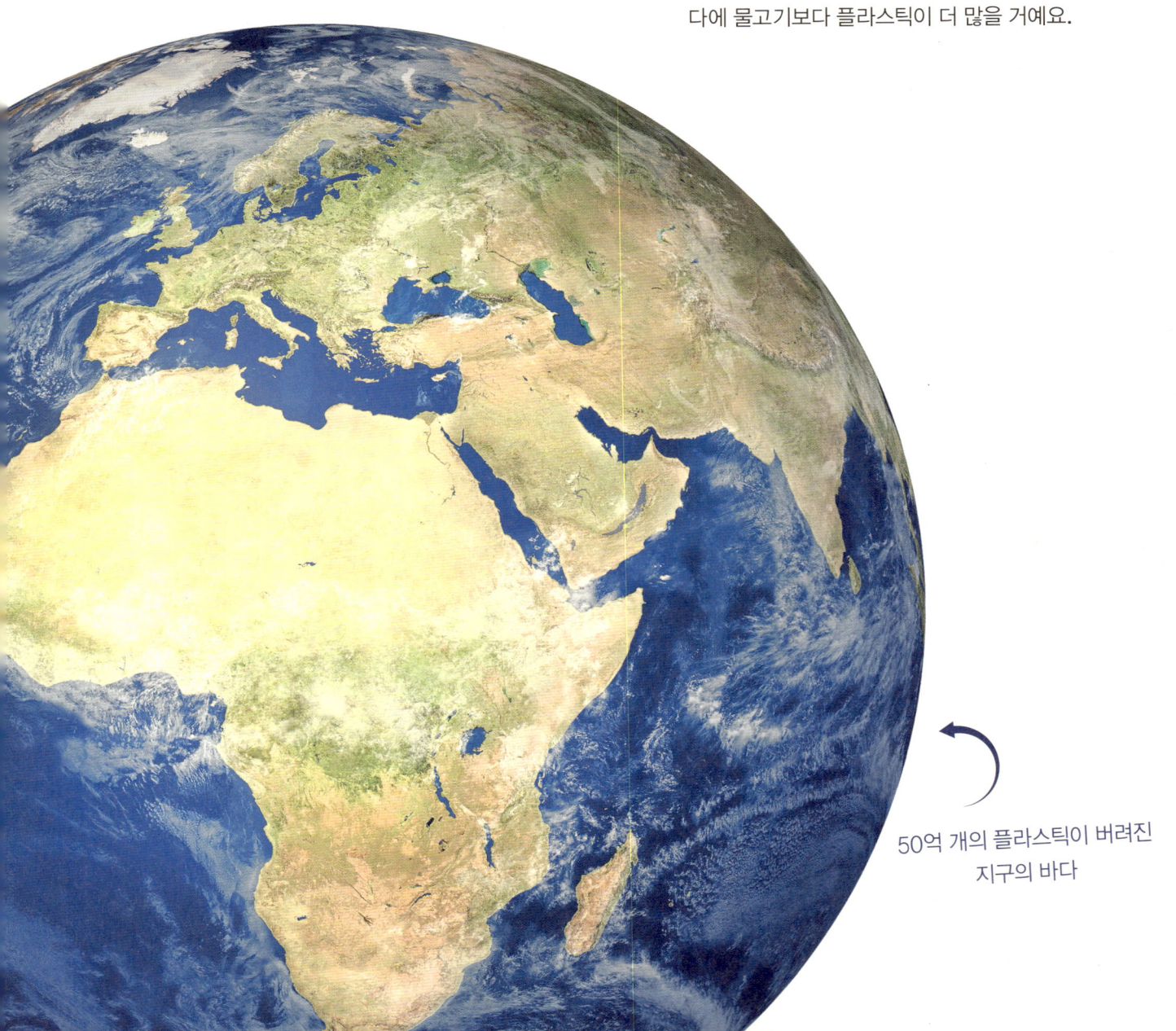

50억 개의 플라스틱이 버려진 지구의 바다

죽은 알바트로스의 몸속에서 발견된 각종 플라스틱

바닷새의 모든 종 가운데 절반가량은 북방풀머갈매기와 친척으로, 바다 수면에서 먹이를 잡아먹으며 살아갑니다. 적도 남쪽에 사는 알바트로스도 먼 친척으로, 엄청난 양의 플라스틱을 먹고 있어요. 가장 가까이 사는 사람들로부터 2000킬로미터 이상 떨어진 섬에서 살아가는 알바트로스는 플라스틱 라이터, 세제 용기, 솔, 뒤엉킨 그물과 스티로폼 상자 사이에 단 하나의 알을 낳습니다.

북방풀머갈매기로서는 도무지 이해할 수 없는 일이 많습니다. 북방풀머갈매기 열 마리 중 아홉은 위에 플라스틱 더미가 있다는 걸 과학자들은 압니다. 플라스틱은 북방풀머갈매기가 늘 먹던 먹이와 비슷하게 보이기 때문에 눈에 띄는 즉시 달려들어 삼킵니다. 하지만 작은 플라스틱 조각일지라도 속이 거북할 수밖에 없습니다. 0.1그램 정도의 적은 양을 삼키더라도, 사람의 경우로 보면 10그램 정도 나가는 플라스틱을 삼킨 채 돌아다니는 것과 마찬가지이거든요.

바다에 떠다니는 플라스틱은 북방풀머갈매기의 먹이와 닮았어요.

쓰레기를 삼킨 북방풀머갈매기는 당장은 배가 부른 것 같지만, 플라스틱에 아무런 영양소가 없기 때문에 굶주리게 됩니다. 몸속으로 들어간 플라스틱 조각은 두세 달이 지나야 몸 밖으로 나옵니다. 하지만 일부는 몸속에 그대로 남아 내장에 상처를 내어서 새들을 아프게 합니다.

북극에 사는 북방풀머갈매기 대부분은 위 속에 0.1그램 이하의 플라스틱이 있습니다. 하지만 북해와 좀 더 남쪽에 위치한 영국 해협에서는 북방풀머갈매기로 사는 게 훨씬 더 힘겨운 상황입니다. 이 지역 북방풀머갈매기는 멸종 위기에 처한 동식물의 목록에 올라 있습니다. 엄청난 양의 쓰레기가 배출되는 이 지역의 북방풀머갈매기는 대부분 몸속에 0.1그램이 넘는 플라스틱을 지니고 있으며, 이 플라스틱으로 인해 고통받고 있습니다. 흰 파도를 타며 고깃배 주위로 무리 지어 모이는 북방풀머갈매기의 모습은 점점 더 찾아보기 힘들답니다.

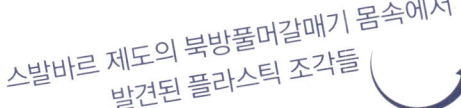

스발바르 제도의 북방풀머갈매기 몸속에서 발견된 플라스틱 조각들

구조된 바다거북. 사람들은 가까스로 살아남은 이 거북한테 땅콩이라는 이름을 지어 주었어요.

수많은 동물들이 고통받고 있어요

북방풀머갈매기만 고통받고 있는 것은 아니에요. 매년 100만 마리 이상의 바닷새들이 플라스틱 조각을 먹이로 잘못 알고 삼키거나 바다에 버려진 그물과 낚싯줄에 걸려서 죽어 가고 있어요. 바다에 버려진 플라스틱은 700종에 이르는 동물의 생명을 위협하고 있는데, 그중 130종이 새들이랍니다.

바다거북은 바다에 둥둥 떠다니는 비닐봉지가 해파리나 오징어인 줄 알고 덥석 물어 삼키고, 그러면 삼켜진 이 비닐은 거북의 식도나 내장을 꽉 막아 버립니다. 이리저리 뒤엉킨 낚싯줄이나 밧줄은 바다표범의 연약한 살갗을 파고들어 깊은 상처를 남기죠. 이런 플라스틱 쓰레기에 목숨을 잃는 바다표범이 해마다 10만 마리에 이르고 있어요.

몸집이 커다란 고래들조차 그물과 낚싯줄에 생명을 잃곤 합니다. 2013년에는 길이가 13미터나 되는 향유고래의 사체가 네덜란드 바닷가로 떠내려왔어요. 고래가 왜 죽었는지 그 원인을 조사하던 과학자들은 고래의 위 속에 17킬로그램에 이르는 무게의 밧줄과 그물, 비닐봉지와 플라스틱 병이 들어 있는 것을 발견했습니다. 거대한 고래의 소화액도 플라스틱을 분해할 수는 없었던 모양입니다.

바다로 밀려 나간 쓰레기의 일부는 다시 바닷가로 밀려옵니다. 아무리 보물찾기를 좋아한다고 해도, 플라스틱 그릇, 밧줄 조각, 뒤엉킨 그물, 낡은 장화와 음료수 병이 뒹구는 바닷가를 산책하고 싶은 사람은 아무도 없을 거예요. 먹이를 찾아 헤매다가 낚싯줄과 너덜너덜 뒤엉킨 그물에 걸려 몸부림치는 동물들의 모습은 훨씬 더 끔찍하기만 합니다.

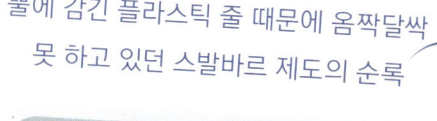
뿔에 감긴 플라스틱 줄 때문에 옴짝달싹 못 하고 있던 스발바르 제도의 순록

이 고래는 밧줄에서 풀려났어요!

알고 있나요?

1950년대 초반부터 플라스틱이 대량 생산되기 시작했다는 것을. 그리고 100년 뒤인 2050년에는 전 세계적으로 11억 2500만 톤의 플라스틱이 만들어질 거예요.

우리는 플라스틱 시대에 살고 있으며, 점점 더 많은 양의 플라스틱을 사용하고 있어요. 플라스틱은 우리가 매일 쓰기에 좋은 물질이에요. '플라스틱'은 '플라스티코스'라는 그리스 어에서 온 말로, '틀에 넣어 모양을 만들기 쉽다'는 뜻이랍니다. 컴퓨터, 각종 스포츠 장비, 신발, 전화기, 수저, 옷, 식품 포장재, 장난감, 주방 기기, 스티로폼 상자, 음료수 병, 컵과 여러 가지 용기 등, 플라스틱은 셀 수 없을 만큼 많은 물건들로 만들어질 수 있어요. 플라스틱은 단단한 것도 있고 부드러운 것도 있어요. 그리고 물에 뜨는 플라스틱도 있고 가라앉는 플라스틱도 있어요.

바닷가 레고 조각들

산더미 같은 쓰레기가 바다에 버려지고 있으며, 그 대부분은 플라스틱입니다. 바다에 버려진 플라스틱은 대부분 바다 밑바닥으로 가라앉아 질퍽한 퇴적물 속에 묻히거나 해초와 바위에 걸리고, 깊은 수중 골짜기에 빠지기도 합니다. 바다 밑바닥은 수면보다 훨씬 더 차갑고 어두컴컴하며 산소도 적어서 플라스틱이 분해되는 데에 아주 오랜 시간이 걸립니다.

영국 콘월 지방의 바닷가에 폭풍이 몰아치던 1997년의 어느 날, 자그마치 500만 개의 플라스틱 레고를 실은 컨테이너가 배 위에서 바다로 떨어지고 말았습니다. 그리고 아직까지도 단단한 플라스틱으로 제작된 드래건, 스워드, 블랙 스퀴드 등의 레고가 뭍으로 밀려오고 있습니다. 영국의 어린이들은 레고를 주우러 콘월 지방 바닷가로 특별한 여행을 떠나곤 합니다. 레고 조각은 해류를 타고 점점 더 북쪽으로 이동합니다. 그동안 파도와 폭풍우, 햇볕과 짠 바닷물에 닳았을 것만 같지만, 플라스틱 장난감들은 마치 새것처럼 멀쩡하기만 합니다. 단단한 플라스틱은 부드러운 플라스틱보다 분해되는 데 훨씬 더 오랜 시간이 걸립니다.

바다 밑에 가라앉은 자동차 타이어

바다에 떠다니는 쓰레기 중 일부는 북태평양의 거대한 소용돌이 속에 뭉쳐 있습니다. 일본과 미국 사이에는 거대한 쓰레기 더미가 표류하고 있어요. '태평양의 거대 쓰레기 섬'으로 알려진 이 쓰레기 더미는 에스파냐와 포르투갈의 면적을 합친 것보다 세 배나 더 큽니다. 지구의 자전과 일정한 바람의 방향과 해류가 플라스틱 병, 병마개, 라이터, 칫솔, 그물, 장난감, 축구공, 작은 배와 카누, 샌들, 풍선, 파이프, 자동차 타이어, 스티로폼 상자, 브러시, 모직 재킷, 빨대, 방수포, 일회용 수저 등의 쓰레기를 모으는 거예요. 사람들이 쓰고 버린 플라스틱 쓰레기 더미의 두께가 10미터에 이르는 곳도 있어요. 바다에 버려진 플라스틱은 햇빛과 비바람에 서서히 작은 조각으로 부서져 해수면 바로 아래에서 화학 물질 수프와 뒤섞여 있습니다. 물고기와 바닷새들은 유독한 이 잔칫상을 게걸스럽게 먹곤 합니다. 아마 태평양의 해저에도 최소한 이만큼의 쓰레기가 있을 거예요.

태평양의 거대 쓰레기 섬 일부는 일본의 지진으로 생긴 거예요. 쓰나미라는 거대한 파도가 육지를 덮쳐 가옥과 선박, 공장, 자동차를 바다로 쓸어 갔습니다. 이 쓰레기들이 지금도 해류를 따라 거대한 쓰레기 더미를 이루며 떠다니고 있어요.

비행기 창밖으로 보이는 바다 위의 플라스틱 쓰레기

이런 쓰레기 소용돌이는 네 개가 더 있어요. 쿠바 부근 바다와, 오스트레일리아와 남아메리카 사이에 거대한 쓰레기 섬이 만들어졌어요. 아프리카와 오스트레일리아 사이, 그리고 아프리카와 남아메리카 사이에도 쓰레기 더미가 떠 있어요. 이렇게 쓰레기가 계속 늘어나면, 앞으로 20년이나 30년 뒤에는 북극해 스발바르 제도 동쪽에 있는 바렌츠 해에서도 쓰레기 섬을 보게 될 거예요. 바렌츠 해는 유럽에서 사는 새의 ¼인 150만 마리의 바닷새가 먹이를 얻는 곳입니다.

새들은 알을 낳고 새끼를 키울 북극 연안으로 가기 전에 이 해역에서 먹이를 먹고 살을 찌웁니다. 바렌츠 해의 해저를 기어 다니는 대게와 왕게의 ⅕가량은 이미 위 속에 플라스틱 조각이 들어 있어요. 이 해역에서 자라는 홍합 역시 미세 플라스틱을 삼키고 있습니다.

왕게도 플라스틱을 삼키고 있어요.

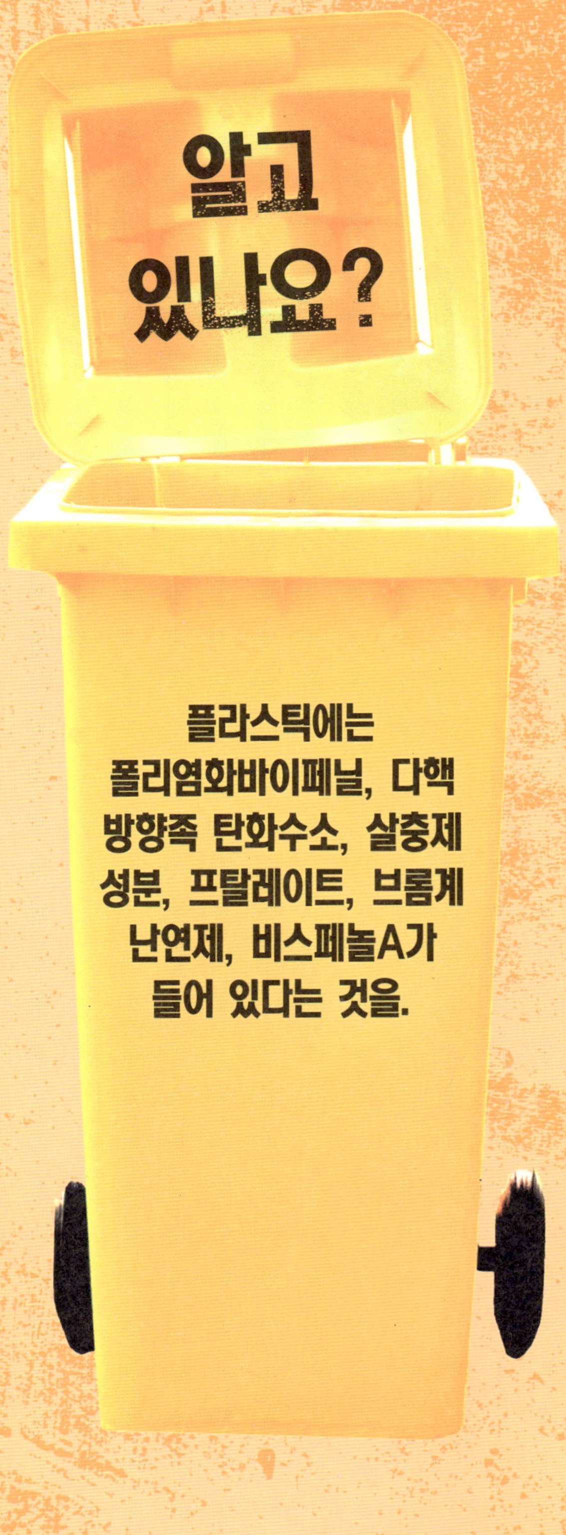

알고 있나요?

플라스틱에는 폴리염화바이페닐, 다핵 방향족 탄화수소, 살충제 성분, 프탈레이트, 브롬계 난연제, 비스페놀A가 들어 있다는 것을.

바닷물 속에는 환경 독소가 녹아 있는데, 플라스틱은 이 환경 독소를 끌어당겨 플라스틱에 달라붙게 합니다. 그리고 플라스틱 자체에도 독소가 있어서, 이 플라스틱들이 작은 조각으로 나뉠수록 점점 더 많은 양의 독소가 나오게 됩니다. 폴리염화바이페닐, 다핵 방향족 탄화수소, 살충제 성분, 프탈레이트, 브롬계 난연제, 비스페놀A 같은 독소를 물벼룩과 크릴새우, 각종 알과 애벌레들이 먹고 있습니다. 일부 동물성 플랑크톤은 플라스틱 입자를 그대로 삼켜서, 그 작은 몸 안에 독성 물질이 점점 쌓이고 있어요.

플랑크톤은 수많은 물고기들의 주식입니다. 플랑크톤이 번식하는 봄철이 돌아오면 북극에서는 축제가 벌어집니다. 플랑크톤으로 잔뜩 배를 불린 물고기는 바다표범, 고래, 북방풀머갈매기와 다른 바닷새에게 잡아먹히곤 하죠. 이렇게 전달된 독소는 새의 간과 지방에 쌓이게 됩니다. 알을 낳고 품는 힘겨운 일을 하는 동안에 지방이 분해되면서 독소가 핏속에 녹아듭니다. 그러면 엄마 새는 아파서 제대로 날지 못하여 새끼에게 줄 먹이를 충분히 얻지 못하게 되죠. 독소가 든 생선을 먹는 것은 우리 건강에도 이롭지 않습니다.

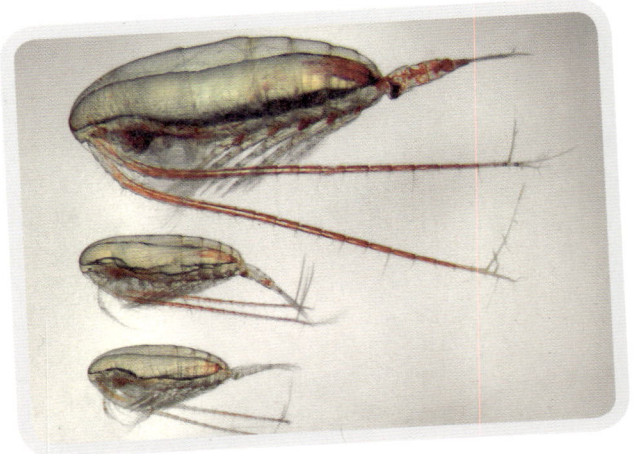

플랑크톤은 많은 종류의 물고기들의 주식이에요.

미세 플라스틱이 모두 바다에 직접 버려진 쓰레기에서 나온 것은 아니에요. 육지에서 나오는 수천 톤의 미세 플라스틱 가운데 절반가량이 바다로 흘러 들어갑니다. 자동차 타이어가 도로 위를 달리고 간 뒤로는 수백만 개의 고무 입자가 남아요. 비와 눈이 이 오염 물질을 냇물과 호수 등지로 실어 나르고, 마침내 오염 물질은 바다로 흘러듭니다.

일부 치약에는 이를 희게 만들기 위한 플라스틱 비드가 들어 있어요. 치약 한 통에 자그마치 수백만 개의 플라스틱 비드가 들어 있는 거지요.

알고 있나요?

플라스틱은 석유로 만든다는 것을.

마이크로비드는 일부 세제, 샤워 용품, 면도용 거품 비누 및 세안용 스크럽 등에도 들어 있어요. 옷을 세탁할 때나 이를 닦은 뒤에 치약을 뱉어 낼 때, 이 플라스틱 알갱이들은 배수구를 타고 내려가 하수관으로 사라지게 되죠. 마이크로비드는 생활 하수 정화 시설에서 걸러지기에는 너무 작아서 곧바로 바다로 흘러듭니다.

집과 선박을 손보고 고치는 데 쓰이는 페인트와 제품들에 들어 있는 미세 플라스틱도 바다로 흘러듭니다. 합성 섬유가 든 혼방 모직 재킷과 다른 여러 합성 섬유 옷을 세탁할 때에도 마찬가지입니다.

노르웨이에서는 매시간 엄청난 양의 미세 플라스틱이 바다로 흘러 들어갑니다. 만약에 노르웨이에서 한 해 동안 버리는 플라스틱을 노르웨이 항구 도시 베르겐의 거리에 모두 모아 놓는다면, 베르겐 시민들은 무릎까지 차오른 쓰레기 더미에서 생활해야 할 것입니다. 바다는 드넓지만, 이토록 엄청난 양의 오염 물질을 흡수할 만큼 넓은 것은 아니랍니다.

페인트에도 미세 플라스틱이 들어 있어요.

우리는 어떻게 해야 할까요?

어떻게 하면 플라스틱 쓰레기를 없앨 수 있을까요? 우리는 무엇을 할 수 있을까요? 북방풀머갈매기가 자기 생각을 말할 수 있다면 과연 뭐라고 할까요?

플라스틱을 그만 사용해야 할까요? 플라스틱이 쓸모가 많기는 하지만, 우리는 사용을 줄이고 재활용을 늘려야 합니다. 바다로 흘러드는 모든 플라스틱 쓰레기에 대해 우리 한 사람 한 사람이 다 책임져야 하는 것은 아니에요. 하지만 우리 모두 일부 쓰레기에 대해서는 책임이 있어요. 각자 자기 자리에서 할 수 있는 일은 많아요. 어른과 아이들, 친구와 가족이 함께 플라스틱 쓰레기를 덜 만들고, 자연 가운데 함부로 버리기보다는 재활용 수거함에 모으도록 격려할 수 있어요. 주변 사람들에게 미세 플라스틱이 든 화장품에 대해 경고하고, 각종 미디어를 통해 이런 사실을 널리 알릴 수도 있어요. 산책하다가 다른 사람이 버린 쓰레기를 주울 수도 있고 말이에요.

가장 중요한 일은 도로변이나 학교 운동장, 길거리나 화장실, 그리고 바다와 자연에 플라스틱 쓰레기를 버리지 않는 것입니다. 사탕 껍질과 음료수 병, 개똥이 일반 쓰레기통에 함께 버려지는 일이 종종 있어요. 담배꽁초와 면봉을 화장실 변기에 버리면 정화조를 거쳐 바다로 흘러 들어갑니다. 스코틀랜드의 바닷가에서는 자그마치 만 개가 넘는 면봉을 국제 연안 정화의 날 하루 동안 거두었다고 해요. 변기에는 소변과 대변, 그리고 화장실용 휴지만 버려야 한답니다.

해마다 열리는 국제 연안 정화의 날 행사에 참여하는 방법도 있어요. 그날이 되면, 전 세계의 어린이들과 어른들이 모여 바닷가로 밀려온 쓰레기를 줍는답니다. 또 아는 사람들끼리 우리만의 바닷가 청소의 날 행사를 할 수도 있지요. 플라스틱 쓰레기는 바닷가에 가만히 머물러 있는 게 아니라, 파도를 따라 밀려 나가기도 하고 밀려 들어오기도 해요. 따라서 바닷가 쓰레기를 자주 주울수록 더 많은 플라스틱을 바다에서 거두어들일 수 있어요. 이러한 행사는 주요 해류가 지나는 바닷가에서 특히 더 중요하답니다.

자연에 함부로 버려진 쓰레기를 줍고 분리수거를 잘하면 플라스틱이 바다로 흘러드는 것을 막는 데 도움이 됩니다. 노르웨이에서는 여러 도시와 마을에서 재활용을 실천하기 시작했습니다. 플라스틱을 쓰레기 매립지에 버리거나 태우면, 공기 중에 독성 물질과 이산화탄소가 배출됩니다. 그러나 플라스틱을 잘게 부수어서 가루로 만들면 새로운 제품이나 연료를 만들 수 있어요. 오늘날 재활용되는 플라스틱은 전체 생산량의 14퍼센트밖에 되지 않아요. 나머지 플라스틱이 어떻게 되었는지는 반드시 풀어야 할 수수께끼예요. 왜냐하면 새로운 물건이나 에너지를 만들 수 있는 자원이 버려지는 것이니까요. 그것도 대부분을 잃어버리고 있으니까요.

마트에서 사과나 포도를 살 때, 잠시라도 북방풀머갈매기를 떠올려 보세요. 우리가 사는 모든 물건을 포장할 필요는 없어요. 신선한 식품을 비닐봉지에 넣는 대신에, 계속 쓸 수 있는 헝겊 가방에 담아 가져올 수 있어요.

방글라데시, 르완다, 중국에서는 이미 비닐봉지의 사용을 금지했으며, 다른 나라들도 이들의 사례를 따를 수 있어요. 마이크로비드가 들어 있지 않은 제품을 선택하는 방법도 있죠. 대중교통을 이용하면 자동차 타이어에서 생기는 미세 플라스틱을 줄일 수 있어요. 동시에, 지구 온도를 높이는 온실가스인 이산화탄소도 그만큼 줄일 수 있습니다.

우리가 사는 모든 물건을 포장할 필요는 없어요.

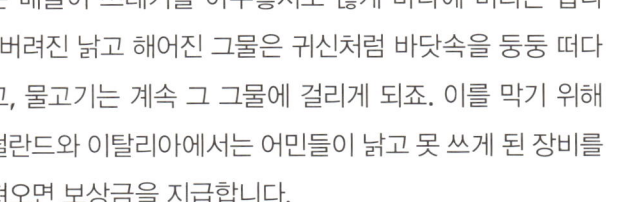

많은 배들이 쓰레기를 아무렇지도 않게 바다에 버리곤 합니다. 버려진 낡고 해어진 그물은 귀신처럼 바닷속을 둥둥 떠다니고, 물고기는 계속 그 그물에 걸리게 되죠. 이를 막기 위해 네덜란드와 이탈리아에서는 어민들이 낡고 못 쓰게 된 장비를 가져오면 보상금을 지급합니다.

어민들이 그물에 걸린 쓰레기를 항구에 있는 수거 장소로 가져오면 돈을 주는 나라도 있어요.

버려진 그물에 걸린 돌고래

버려진 그물

보얀 슬라트

네덜란드에 사는 19세의 어느 청년 하나가 바다를 오염시키는 플라스틱 문제를 깊이 고민했습니다. 보얀 슬라트라는 이름의 이 청년은 마침내 바다에 떠다니는 플라스틱을 거둘 수 있는 장치를 발명했어요. 청년이 발명한 장치가 성공적으로 작동한다면, 태평양의 거대 쓰레기 섬은 앞으로 10년 뒤에는 1600만 톤 이하로 줄일 수 있을 것입니다. 엔지니어들은 전 세계에 흩어져 있는 다섯 개의 거대 쓰레기 섬의 쓰레기를 실을 수 있는 선박을 만드는 계획을 살펴보고 있어요. 일본에서는 주요 대도시 근처의 바다 밑바닥에서 쓰레기를 빨아들일 거대한 진공 기계를 개발하려고 하고 있어요. 수심이 좀 깊은 곳에서는 차라리 모래로 쓰레기를 덮는 방법이 필요할지도 몰라요.

전 세계 각국 정부에 중대한 책임이 있어요. 플라스틱을 수거하여 재활용할 방법을 찾아야 해요. 플라스틱 사용을 줄일 수 있는 연구에 연구비를 지원하고 그런 발명에 대해서는 후원해 주어야 합니다. 그리고 바다와 다른 자연환경을 쓰레기 매립지로 이용하는 것을 법으로 막아야 합니다. 난바다에는 국경도 없고 그 어느 나라의 것도 아니에요. 바다와 바다에서 살아가는 모든 생명을 지키기 위해 세계의 지도자들이 함께 협력해야 하는 이유가 이 때문입니다.

보얀 슬라트는 19세에 바다에 떠다니는 쓰레기를 치우는 기계를 발명하였어요.

> " 오늘날 인류가 마주하고 있는 가장 중요한 환경 과제 중 하나는 바로 전 세계의 바다 쓰레기 문제를 해결하는 것입니다. "
> – 보얀 슬라트

늙은 북방풀머갈매기가 다른 수백만 마리의 새들과 함께 스발바르 제도 주위를 날며 먹이를 찾습니다. 넓은 날개를 펼치고 바닷가 위를 날다가 아래를 내려다보니, 사람들이 이리저리 오가며 쓰레기를 줍고 있네요. 오늘은 바닷가를 청소하는 날이에요. 노르웨이와 전 세계에서 사람들이 함께 바닷가 쓰레기를 치우는 날이에요.

엄청난 양의 플라스틱을 수거했어요. 어린이를 비롯하여 수천 명의 사람들이 함께 바닷가 쓰레기를 주웠어요. 북방풀머갈매기는 오래된 자신의 둥지를 향해 날아갑니다. 평생을 함께해 온 짝은 더 이상 곁에 없어요. 그러나 새로운 짝을 만나기에는 너무 나이가 많아요. 북방풀머갈매기는 벼랑 끝에 있는 오래된 자기 둥지를 보려고 빠른 속도로 내려갑니다.

하지만 그 벼랑 끝은 이미 젊은 북방풀머갈매기 한 쌍이 차지하고 있었어요. 이제는 자기들의 보금자리임을 알리려고 큰 소리로 울어 댑니다. 젊은 북방풀머갈매기 부부는 있는 힘을 다해 둥지를 빼앗기지 않으려고 할 거예요. 어쩌면 늙은 북방풀머갈매기가 낳은 새끼 중 하나가 짝을 만나 새끼를 낳으러 고향 집에 돌아온 건지도 몰라요.

늙은 북방풀머갈매기는 체념한 듯 방향을 돌려 다시 바다로 향합니다. 곡예를 하듯 파도 사이를 날며, 입맛 당기는 작은 먹이를 낚아챕니다. 플라스틱이 아닌 작고 통통한 물고기가 걸려들어 배를 채운 오늘은 꽤 운이 좋은 날입니다.

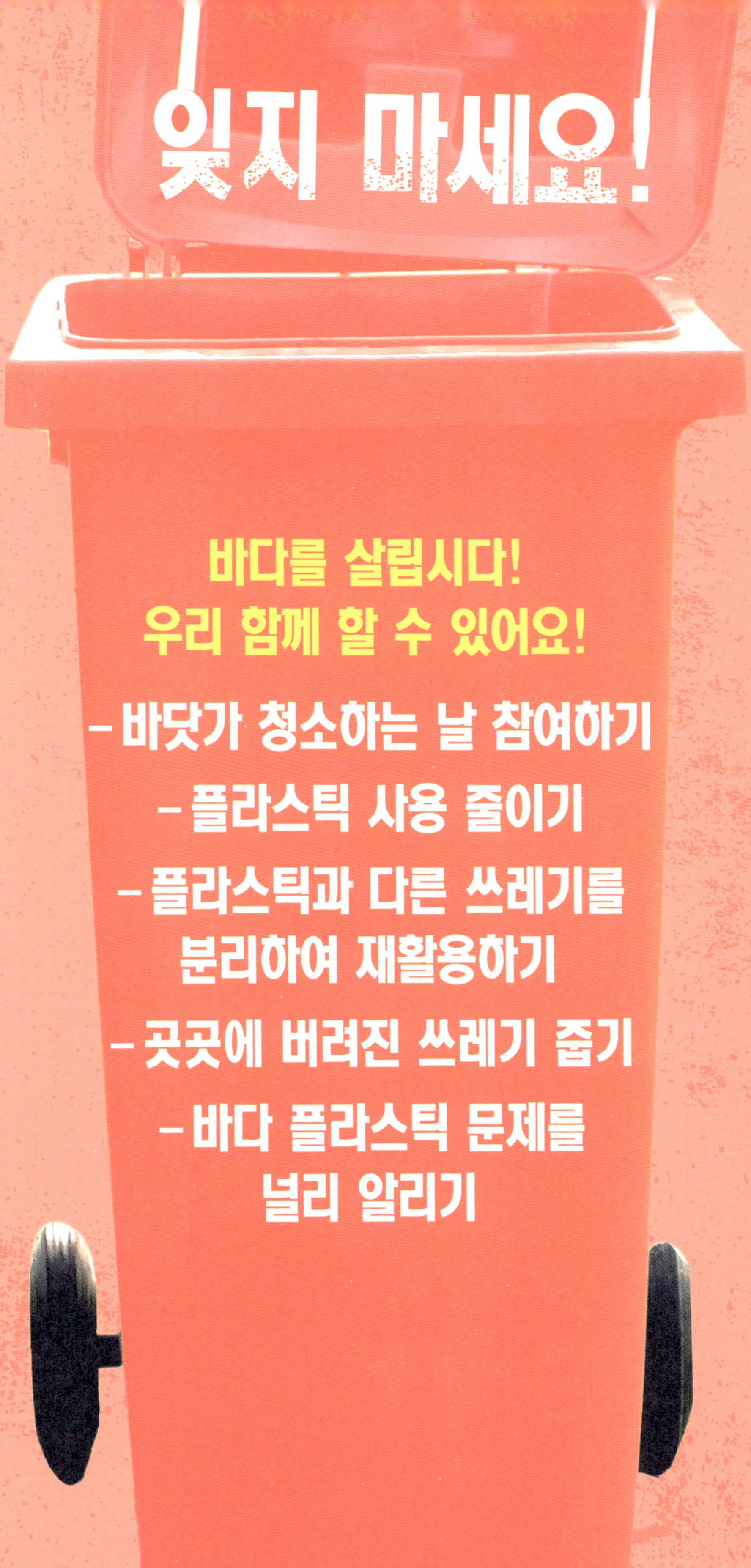

잊지 마세요!

**바다를 살립시다!
우리 함께 할 수 있어요!**

- 바닷가 청소하는 날 참여하기
- 플라스틱 사용 줄이기
- 플라스틱과 다른 쓰레기를 분리하여 재활용하기
- 곳곳에 버려진 쓰레기 줍기
- 바다 플라스틱 문제를 널리 알리기

우리나라의 플라스틱 환경은 어떨까요?

우리나라의 1인당 포장용 플라스틱 사용량은 연간 62kg으로 세계 2위이고, 1인당 비닐봉지 사용량은 420개로 환경 선진국이라 일컬어지는 핀란드의 100배나 됩니다.

우리나라의 플라스틱 오염도는 전 세계에서 손꼽힐 정도로 높습니다. 영국 맨체스터 대학교 연구진이 네이처지오사이언스에 발표한 논문에 따르면, 미세 플라스틱의 농도가 인천과 경기 해안이 전 세계에서 2위, 낙동강 하구가 3위로 나타났습니다.

1㎡당 평균 미세 플라스틱 개수가 1만~10만 개 사이인 곳은 영국의 머지 강과 어웰 강, 인천과 경기 해안, 낙동강 하구, 캐나다 세인트로런스 강 등 네 곳뿐입니다.

미세 플라스틱이란 크기가 5mm 이하의 작은 플라스틱을 말하는데, 크기가 1mm의 미세 플라스틱은 사람의 핏줄 속으로 들어갈 수 있다고 합니다.

바다에 버려진 플라스틱 쓰레기는 미세 플라스틱으로 변하고, 이것들이 바다 생물 몸속에 쌓이면 사람이 수산물을 먹는 과정에서 이를 알게 모르게 섭취할 수도 있습니다.

실제 국내산 굴, 담치, 바지락, 가리비 등 조개류 4종에서 미세 플라스틱 검출량을 확인한 결과, 인체 흡수율을 고려하면 인체 영향력이 제한적이기는 하지만 4종 모두에서 미세 플라스틱이 검출되었습니다.

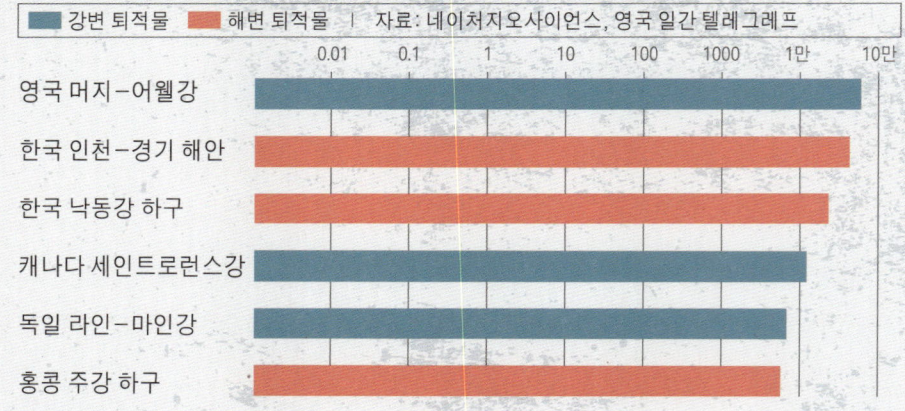

우리나라 바다 쓰레기의 종류는 어떻게 될까요?

해양수산부, 해양관리공단 조사에 따르면, 2016년 해안 쓰레기를 수거하여 조사한 지역은 서해 18곳, 남해 12곳, 동해 10곳으로, 총 40곳 해안에서 수거한 쓰레기 개수는 68,421개, 무게 11,836kg이었습니다.

쓰레기 개수에서 각 재질이 차지하는 양은 플라스틱이 56.5%, 스티로폼이 14.4%로, 이 둘이 차지하는 양이 전체의 70.9%로 가장 컸습니다.

가장 많이 발견된 쓰레기는 각종 뚜껑(7.9%)이었으며, 페트병(7.4%), 비닐봉지(7.1%), 밧줄이나 로프(6.5%), 스티로폼 부표(6.0%) 등이 그 뒤를 이었습니다. 1위부터 10위까지의 쓰레기가 전체의 58%를 차지했습니다.

전체 쓰레기의 60%가 조사 대상 해안의 10% 안에 모여 있는 것으로 나타났습니다. 즉 쓰레기가 가장 많이 모이는 해안 10%를 청소하면 전체 쓰레기의 60%를 없앨 수가 있습니다.

외국에서 흘러온 쓰레기 중 가장 많이 발견된 쓰레기는 페트병(1,692개)이었으며, 길쭉한 파랑 부표(218개), 주황 부표(195개), 둥근 검정 부표(163개)가 그 뒤를 이었습니다.

그리고 쓰레기가 흘러온 나라를 살펴보면 중국이 96%로 대부분을 차지하였고, 일본 1%, 기타 3%로 나타났습니다.

2016년 1월에서 11월까지 조사한 해안 쓰레기에서 1위부터 10위까지를 알아볼까요?

분류 기준별 해안 쓰레기 조사 결과 2016년 1월~11월, 40곳 해안 (총6회×100m 당)

재질	개수(개)		무게(Kg)	
플라스틱	38.682	56.5%	4,574.2	38.6%
스티로폼	9.825	14.4%	2,406.7	20.3%
나무	3.489	5.1%	2,161.2	18.3%
담배/폭죽	3.436	5.0%	68.4	0.6%
외국 쓰레기	3.070	4.5%	816.3	6.9%
유리	2.864	4.2%	293.2	2.5%
금속	2.532	3.7%	468.5	4.0%
종이	1,930	2.8%	72.5	0.6%
의류 및 천	1,481	2.2%	291.9	2.5%
고무	479	0.7%	301.6	2.5%

(출처 : 해양수산부, 해양관리공단 제공)

재사용과 재활용은 무엇일까요?

재사용은 물건을 수리나 수선, 세척 등의 과정을 거쳐서 다시 사용하는 것을 말해요. 병을 세척하여 다시 사용하거나 옷을 수선해서 사용하는 것, 중고 가전제품이나 가구를 다시 사용하는 것 등을 말합니다.

재활용은 파쇄(깨뜨려 부숨), 용융(녹여서 섞음) 등의 가공 공정을 거쳐서 원료나 제품으로 다시 만드는 것을 말해요. 재활용 방법에 따라 물리적 재활용, 화학적 재활용, 열적 재활용, 생물학적 재활용 등으로 구분하는데, 동일 용도로 물질 이용을 반복하는지 여부에 따라서 닫힌 고리 재활용(Closed-loop Recycling)과 열린 고리 재활용(Open-loop Recycling)으로 구분합니다.

닫힌 고리 재활용은 동일 용도로 다시 재활용하는 것을 말합니다. 예를 들어, 폐 페트병을 재활용하여 다시 페트병을 만드는 것을 닫힌 고리 재활용이라고 하고, 폐 페트병을 섬유로 재활용하여 옷을 만드는 것을 열린 고리 재활용이라고 합니다. 닫힌 고리 재활용이 환경 오염을 더 줄일 수 있겠지요.

닫힌 고리 재활용

열린 고리 재활용

시르스티 블롬은 여러 권의 책을 쓴 노르웨이의 작가이며 강사로도 활동하고 있습니다. 2003년에 『북극여우』, 2005년에 『바다코끼리』, 2007년에는 노르웨이에서 가장 권위 있는 문학상인 브라게 상 수상작 후보군에 오른 『북극곰』, 『눈』, 2008년에 『빙하와 기후』, 2009년에 『스발바르 제도의 들꿩』, 2011년에 『북극의 바닷새들』, 2015년에는 『흑기러기』 등 극지방에 관한 책을 과학자들과 공동으로 펴내었습니다.

예이르 빙 가브리엘센은 생물학자이며, 트롬쇠 시에 위치한 노르웨이 극지 연구소의 환경 오염 분과를 이끌고 있습니다. 또한 유엔환경계획의 해양 오염 분야에 노르웨이 대표로 참여하고 있습니다.

Pictures

pp. 12-13, 15, 16, 19, 20-21, 24, 25, 26-27, 29, 31, 32, 34-35, 36, 40, 42-43: Shutterstock

p. 41 돌고래: Getty images/Stockbyte

p. 45: Istockphoto/luoman, 쓰레기 하치장 Shutterstock/Paisan Changhirun

p. 4: Espen Bergersen

p. 5: Susanne Kühn

p. 6: Georg Bangjord

p. 7 북방풀머갈매기와 알: Hallvard Strøm, 한 쌍의 북방풀머갈매기: Odd Kindberg

p. 8 북방풀머갈매기와 어린 새끼: Odd Harald Selboskar, 북방풀머갈매기와 다 자란 새끼: Torgny Vinje

p. 9: Sebastien Descamps

p. 10: Jan van Franeker – IMARES

p. 17 죽은 새: Chris Jordan, 플라스틱을 먹고 있는 북방풀머갈매기: Susanne Kühn

p. 18 새끼들과 함께 있는 부비새: Bo Eide, 플라스틱 조각들: Alice Trevail, 죽은 새: Craig Nash

p. 22 거북: 미국 미주리 주 자연보호 관리국, 바다표범: Ewan Edwards

p. 23 플라스틱을 먹고 있는 바다거북: Troy Mayne, 순록: 스발바르 주지사실의 Espen Stokke, 고래: 서부 오스트레일리아 공원 및 야생 동물 보호국(DPAW)의 D.K. Coughran

p. 25 레고: Alice Trevail

p. 28 쓰나미 잔해: Alexander Todd/미합중국 해군/Reuters/NTB Scanpix, 비행기 창밖으로 보이는 쓰나미 잔해: Steve White/미합중국 해군/Reuters/NTB Scanpix

p. 29 바닷새들: Geir Wing Gabrielsen

p. 30 플랑크톤: Ida Beathe Øverjordet, Dag Altin

p. 37: ©SALT

p. 41 그물에 걸린 플라스틱: Pedro Armestre, 바다 밑에 가라앉은 의자: Mélanie Chamorel

p. 44: Jeon Heon-Kyun/EPA/NTB Scanpix

p. 46-47 바다 청소: Theoceancleanup/Whitehotpix/Zumapress/NTB Scanpix

p. 48-49: Espen Bergersen

p. 50: Stein Ø. Nilsen

p. 51: Sebastien Descamps

p. 52: Hallvard Strøm

p. 53: Espen Bergersen

p. 54: Bo Eide

p. 58-59: Kirsti Blom

p. 59 저자 사진: Johanna Blom, Ingrid Gabrielsen

시르스티 블롬은 노르웨이 전문 도서 발전 기금의 지원을 받아 이 책을 집필하였고, 본서는 노르웨이 극지 연구소, 프람 센터 및 스발바르 환경 보호 기금의 지원을 받아 출판되었음을 밝혀 둡니다.

옮긴이 한소영

이화여자대학교 대학원 생명과학과를 졸업한 후, 서울대학교 병원에서 근무하였으며, 현재 번역 에이전시 엔터스코리아에서 어린이 도서 전문 번역가로 활동하고 있습니다.

옮긴 책으로는 『픽셀 전사의 일기 1』, 『경이로운 생명: 온 우주와 연결된 우리의 놀라운 이야기』, 『Disney 주토피아: 디즈니 무비 동화』, 『Disney 굿다이노: 디즈니 무비 동화』, 『환상의 도시: 건축가 미스터 모라오의 컬러링 북』 등 다수 있습니다.

초판 1쇄 펴낸 날 | 2018년 5월 31일
초판 7쇄 펴낸 날 | 2024년 4월 20일

글 작가 | 시르스티 블롬, 예이르 빙 가브리엘센

펴낸이 | 이영남
펴낸곳 | 생각하는책상
등록 | 2013년 5월 16일(제2013-000150호)
주소 | 경기도 고양시 일산서구 일산로 612 603동 902호
전화 | 02-338-4935(편집), 070-4253-4935(영업)
팩스 | 02-3153-1300
메일 | 01msn@naver.com
편집 | 김영화
디자인 | 루크

ⓒ 시르스티 블롬, 예이르 빙 가브리엘센
ISBN 978-89-97943-58-6 73400

※ 생각하는책상은 스마트주니어의 어린이책 전문 브랜드입니다.
※ 이 도서의 국립중앙도서관 출판예정도서목록(CIP)은 서지정보유통지원시스템 홈페이지 (http://seoji.nl.go.kr)와 국가자료공동목록시스템(http://www.nl.go.kr/kolisnet)에서 이용하실 수 있습니다.
(CIP제어번호: CIP2018015101)

Copyright CAPPELEN DAMM AS 2016
Korean Translation Smart Junior Publishing
Arranged through Icarias Agency, Seoul.

이 책의 한국어판 저작권은 Icarias Agency 를 통해 Cappelen Damm과 독점 계약한 도서출판 스마트주니어에 있습니다. 저작권법에 의하여 한국 내에서 보호를 받는 저작물이므로 무단전재와 복제를 금합니다.

※ 어린이제품안전특별법에 의한 제품 표시
제조자명: 스마트주니어 | 제조년월: 2018년 5월 | 제조국: 대한민국 |
사용연령: 7세 이상

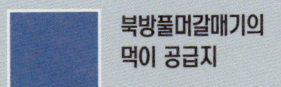 북방풀머갈매기의 먹이 공급지
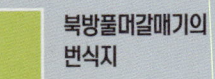 북방풀머갈매기의 번식지

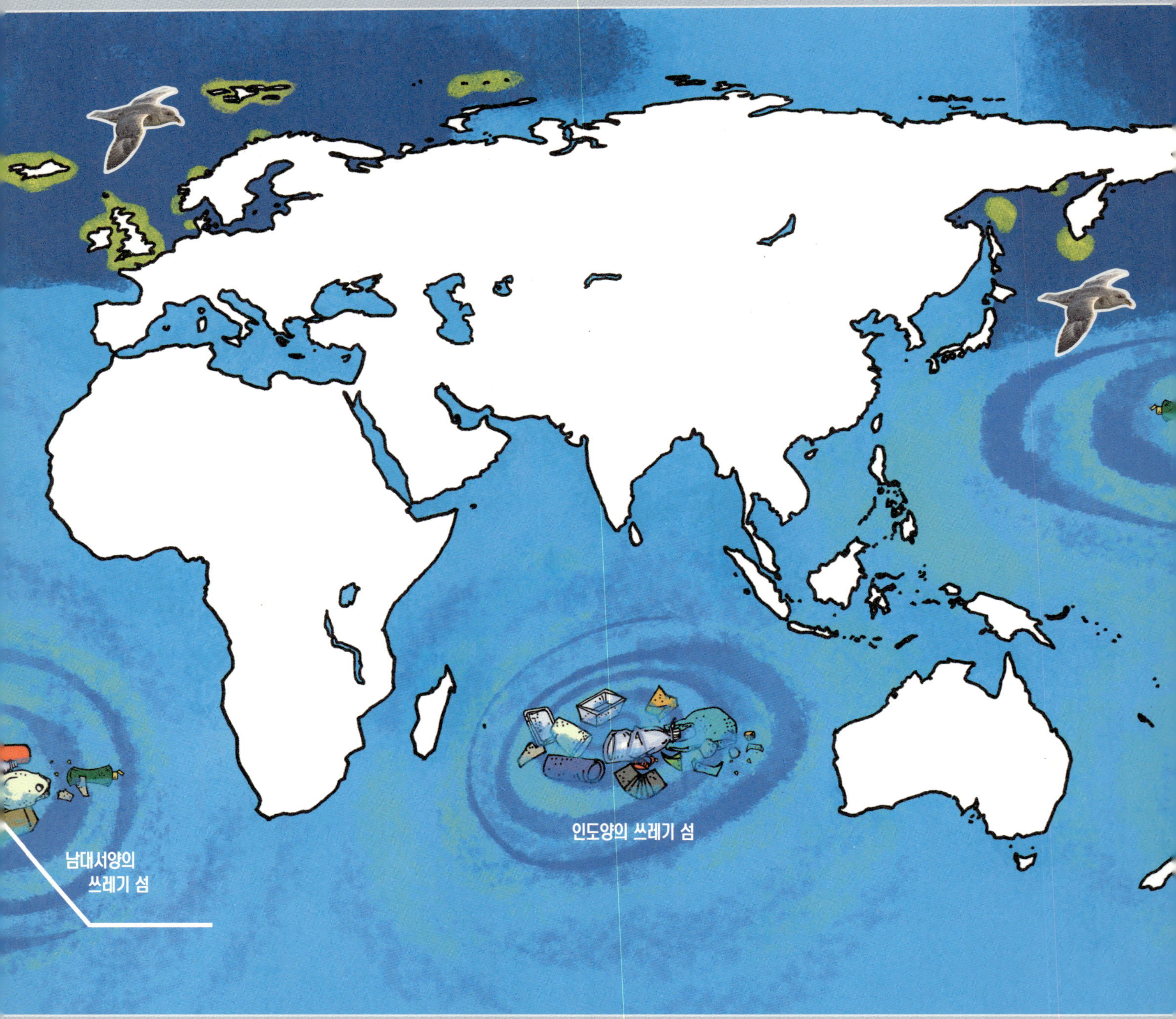

인도양의 쓰레기 섬

남대서양의 쓰레기 섬